BEI GRIN MACHT SICH IH... WISSEN BEZAHLT

- Wir veröffentlichen Ihre Hausarbeit, Bachelor- und Masterarbeit

- Ihr eigenes eBook und Buch - weltweit in allen wichtigen Shops

- Verdienen Sie an jedem Verkauf

Jetzt bei www.GRIN.com hochladen und kostenlos publizieren

Bibliografische Information der Deutschen Nationalbibliothek:

Die Deutsche Bibliothek verzeichnet diese Publikation in der Deutschen National-
bibliografie; detaillierte bibliografische Daten sind im Internet über http://dnb.d-
nb.de/ abrufbar.

Impressum:

Copyright © 2008 GRIN Verlag, Open Publishing GmbH
Druck und Bindung: Books on Demand GmbH, Norderstedt Germany
ISBN: 978-3-656-86429-5

Dieses Buch bei GRIN:

http://www.grin.com/de/e-book/284531/optimierung-von-suchmaschinen-on-the-
page-und-off-the-page-optimization

Holger Weber

Optimierung von Suchmaschinen. On the Page- und Off the Page-Optimization

GRIN Verlag

GRIN - Your knowledge has value

Der GRIN Verlag publiziert seit 1998 wissenschaftliche Arbeiten von Studenten, Hochschullehrern und anderen Akademikern als eBook und gedrucktes Buch. Die Verlagswebsite www.grin.com ist die ideale Plattform zur Veröffentlichung von Hausarbeiten, Abschlussarbeiten, wissenschaftlichen Aufsätzen, Dissertationen und Fachbüchern.

Besuchen Sie uns im Internet:

http://www.grin.com/

http://www.facebook.com/grincom

http://www.twitter.com/grin_com

Optimierung von Suchmaschinen
On the Page- und Off the Page-Optimization

Holger Weber

Inhaltsverzeichnis

ABKÜRZUNGSVERZEICHNIS.. 4

EINLEITUNG 5

1. ABGRENZUNG UND ERKLÄRUNG DER WICHTIGSTEN BEGRIFFE 5

1.1. Backlink.. 5

1.2. Keyword 6

1.3. Linkpopularität 6

1.4. Domainpopularität.. 6

1.5. IP-Popularität... 6

1.6. PageRank 7

1.7. BadRank.. 11

1.8. TrustRank 12

2. AUFBAU DES SUCHMASCHINEN-ALGORITHMUS 12

3. ON THE PAGE - OPTIMIZATION 13

3.1. Keyword- Optimierung... 13

3.2. HTML Optimierung 15

3.3. Inhalt-Optimierung... 16

3.4. Interne Verlinkung.. 16

4. OFF THE PAGE - OPTIMIZATION 17

4.1. Struktur und Bezeichnung der URL 17

4.2. Aktualität 17

4.3. Link- und Klickpopularität.. 18

5. NEGATIVE EINFLUSSFAKTOREN 18

5.1. Spam 19

5.1.1.   Hidden Text und Hidden Links 19
5.1.2.   Kommentarspam 20
5.1.3.   Doorway-Pages 20
5.1.4.   Cloaking 21

5.2. Duplicate Content 21

5.3. Session-IDs und Login 21

5.4. Frames 22

6.   GRENZEN DER OPTIMIERUNG 22

7.   TOOLS FÜR SEO 22

7.1. Google Keyword-Tool 23

7.2. Google Webmaster-Tools 24

7.3. LinkVendor SEO Tools 25

7.4. Copyscape 26

LITERATURVERZEICHNIS (INKLUSIVE WEITERFÜHRENDER LITERATUR) 27

Abkürzungsverzeichnis

B2B	Business-to-Business
B2C	Business-to-Consumer
BITKOM	Bundesverband Informationswirtschaft Kommuniktation und neue Medien e.V.
BVDW	Bundesverbandes Digitale Wirtschaft
CMS	Content Mangement System
CPA	Cost per Action
CPC	Cost per Click
CPL	Cost per Lead
CPM	Cost per Mille
CPO	Cost per Order
CPX	Cost per X (mit X als Platzhalter)
CR	Conversion Rate
CTR	Click through Rate
DEC	Digital Equipment Corporation
HTML	Hyper Text Markup Language
IDF	Inverted Document Frequency
IP	Internet Protokol
KMU	Kleine und Mittlere Unternehmen
MIT	Massachusetts Institute of Technology
OVK	Onlinevermarkter-Kreis
PC	Personal Computer
PR	PageRank
ROI	Return on Investment
SEM	Search Engine Marketing
SEO	Search Engine Optimisation
SERP	Search Engine Resulat Page
URL	Uniform Resource Locator
W3C	World Wide Web Consortium

Einleitung

Bei der Suchmaschinen-Optimierung (engl. Search Engine Optimization, SEO) geht es darum, durch Optimierung eine bessere Position der eigenen Website bei den generischen Ergebnissen zu erzielen. Diese Optimierung wird auf der einzelnen Webseite (On the Page Optimization) und im Umfeld der Website (Off the Page Optimization) gemacht. Bei der Optimierung gibt es sowohl positive Einflussfaktoren als auch negative. Das Wissen über diese negativen Faktoren, hilft die Optimierung nicht umzukehren oder den Aufwand zu groß werden zu lassen. Die Optimierungsarbeit lässt sich mit Tools erleichtern. Im Folgenden werden zuerst die wichtigsten Begriffe definiert und erklärt. Auf diesem Wissen basierend werden anschließend verschiedene Methoden zur Optimierung einer Website erläutert. Dies wird durch eine Erklärung der negativen Faktoren und der Grenzen der Optimierung sowie einiger ausgesuchter Tools zur Unterstützung der Arbeit abgerundet.

1. Abgrenzung und Erklärung der wichtigsten Begriffe

Wie jedes Spezialgebiet hat auch die Suchmaschinen Optimierung ihre eigenen Fachbegriffe oder spezielle Begriffsdefinitionen. Wobei Begriff in diesem Fall weit gefasst ist und auch Konzepte und Methoden umfasst.

1.1. Backlink

Als Backlink oder Rückverweis wird ein Textlink, der von einer anderen Website auf die eigene Website verweist, bezeichnet. Die Anzahl und die Qualität der Backlinks werden von Suchmaschinen für die Linkpopularität einer Webseite herangezogen. Über die Linkpopularität wird von Suchmaschinen auf die Qualität einer Website geschlossen, denn sie gehen davon aus, dass nur auf eine Website mit qualitativ guten Inhalt verlinkt wird. Hierbei wird der verlinkte Text als Keyword für die Website verwendet. Wenn viele Links[1] für die gleiche Website als verlinkenden Text einen negativ assoziierten Begriff verwenden, wird die Website unter diesem Begriff gefunden. Diese Methode ist als Google-Bombe bekannt und trat erstmals 1999 auf. Anfang 2007 änderte Google die Funktionsweise von Backlinks im Google-Algorithmus und entschärfte diese Missbrauchsmöglichkeit.[2]

---

[1] Auch als Hyperlink bekannt.
[2] Vgl. Schüler (2007)

5

1.2. Keyword

Als Keyword wird der Suchbegriff einer Suchanfrage bezeichnet, dieser kann aus einem oder mehreren Worten (Zeichen) bestehen. Ebenso wird der Begriff bezeichnet, zu dem man im Suchmaschinen Marketing die Werbung einblendet. Hierzu zählen nicht die sogenannten Stoppwörter wie Artikel, Pronomen und dergleichen, welche von Suchmaschinen gefiltert werden.[3]

1.3. Linkpopularität

Die Anzahl der Links, welche auf eine Webseite zeigen, wird als Linkpopularität bezeichnet. Daraus folgt, je höher die Anzahl der Links, desto höher die Linkpopularität. Die Linkpopularität wurde früher oft missbraucht und deshalb verwendet heute keine Suchmaschine mehr die reine Linkpopularität, sondern abgewandelte Konzepte.[4]

1.4. Domainpopularität

Die Domainpopularität ist eines dieser abgewandelten Konzepte. Hierbei zählen nicht mehr alle Links, sondern die Links einer Domäne werden einfach gezählt. Früher wurden von einer Domäne oft tausende von Links zu einer Webseite gemacht, um diese im Ranking der Suchmaschine nach oben zu bringen, diese tausenden von Links haben beim Konzept der Domainpopularität die Wertigkeit lediglich eines Links.

1.5. IP-Popularität

Da auch die Domainpopularität missbraucht werden kann, in dem man viele Domains auf einem Webserver bereit stellt, wurde das Konzept der IP-Popularität entwickelt. Hierbei werden alle Links auf die Webseite von der gleichen IP-Adresse über die Anzahl gewichtet. Das Vorgehen ist ähnlich der Domainpopularität, nur dass hier nicht der Domainname betrachtet wird, sondern die IP-Adresse. Dieses Vorgehen ist problematisch, da viele große Hoster (z.B. Strato) Domains auf dem gleichen Server hosten. Bei Einsatz dieses Verfahrens werden unabhängige Websites bestraft werden, da sie auf dem gleichen Server gehostet werden.[5]

---

[3] Vgl. Fischer (2006) Seite 95
[4] Vgl. Münz (2008) Seite 1093
[5] Vgl. Winkler et al. (2007) Seite 47f.

1.6. PageRank

Der Google PageRank (PR) ist eine Verfeinerung des Linkpopularitätskonzeptes. Die Entwickler Larry Page und Sergey Brin argumentieren gegen das Konzept der einfachen Linkpopularität, da nicht jedes verlinkende Dokument gleichwertig ist und somit jeder Link entsprechend seiner Wichtigkeit gewichtet werden sollte. Da der PageRank Algorithmus schon lange im Einsatz ist, geht man davon aus, dass er von Google im Laufe der Zeit modifiziert wurde. Am Grundprinzip wird sich aber grundlegend nicht viel verändert haben, da das PageRank-Verfahren ein wichtiger Faktor des Erfolges von Google ist. Der Algorithmus ist recht einfach wenn man die Komplexität und den Umfang des Internets betrachtet.

$$PR(A) = (1-d) + d \sum_{i=1}^{n} \frac{PR(T_i)}{C(T_i)}$$

Hierbei ist:

- PR(A) der PageRank der Seite A,
- $PR(T_i)$ der PageRank der Seiten T_i, von denen ein Link auf die Seite A zeigt,
- $C(T_i)$ die Summe aller Links der Seite T_i und
- d ein Dämpfungsfaktor (damping factor, mit $0 \leq d \leq 1$).[6]

Das bedeutet, dass der PageRank einer Seite sich rekursiv aus dem PageRank der Seiten mit einem Link auf diese ergibt. Somit bewertet die PageRank-Methode die Beziehung einzelner Webseiten zueinander.

Die Gogglegründer gaben in *„The Anatomy of a Large-Scale Hypertextual Web Search Engine"*[7] zwei intuitive Begründungen für den PageRank- Algorithmus:

1. In diesem Modell gibt es einen Zufallssurfer (engl. random surfer) welcher das Benutzerverhalten simuliert und sich zufällig Webseiten anschaut. Dabei folgt er den Links auf der Seite und geht niemals zurück. Auch interessieren ihn die Inhalte der Seite nicht. Der Dämpfungsfaktor gibt dabei die Wahrscheinlichkeit an, mit der es dem Surfer langweilig wird und er auf einer zufälligen Seite neu startet.

---

[6] Vgl. Koch (2007) Seite 51f.
[7] Brin et al. (1998)

2. Eine Seite kann einen hohen PageRank haben, wenn viele Seiten oder wenige mit einem hohem PageRank auf sie verweisen. Dies begründet sich dadurch, dass es sich immer lohnt eine Seite zu besuchen, auf welche von vielen Plätzen im Netz verwiesen wird bzw. wenn von einer wichtigen Seite z.B. der Startseite von Yahoo! dort hin verlinkt wird.[8]

Aufgrund der Größe des Internets wird der PageRank iterativ berechnet, wobei jede Seite mit einem PageRank von 1 beginnt. In Abbildung 1 ist ein vereinfachtes Netz mit drei Seiten dargestellt. Die Seite A ist mit den Seiten B und C verlinkt. Die Seite B mit C und C mit der Seite A.

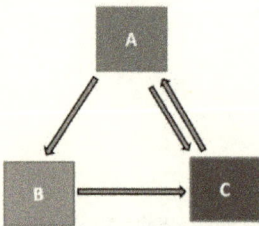

Abbildung 1 Beispiel Netz mit drei Seiten[9]

In der Tabelle 1 sind die Berechnungen für 12 Iterationsschritte abgebildet, als Dämpfungsfaktor wird 0,5 gewählt, da die Berechnungen dann verständlicher sind. Es ist zu sehen, dass die Werte schnell konvergieren, so dass Google für das gesamte Internet mit ca. 100 Iterationen den PageRank berechnet.

[8] Vgl. Brin et al. (1998)
[9] Eigene Darstellung

Iteration	PR(A)	PR(B)	PR(C)
0	1	1	1
1	1	0.75	1.125
2	1.0625	0,765625	1,1484375
3	1,07421875	0,76855469	1,15283203
4	1,07641602	0,76910400	1,15365601
5	1,07682800	0,76920700	1,15381050
6	1,07690525	0,76922631	1,15383947
7	1,07691973	0,76922993	1,15384490
8	1,07692245	0,76923061	1,15384592
9	1,07692296	0,76923074	1,15384611
10	1,07692305	0,76923076	1,15384615
11	1,07692307	0,76923077	1,15384615
12	1,07692308	0,76923077	1,15384615

Tabelle 1 Iteration des Beispielnetzes aus Abbildung 1[10]

Abbildung 2 Google Toolbar[11]

Im Jahr 2000 erweitert Google seine Toolbar[12] für den Internet Explorer um eine Funktion zur Darstellung des PageRanks.[13] Wie in Abbildung 2 zu sehen ist, wird der PageRank als Balken dargestellt, dieser Balken hat 11 Abstufungen (0 bis 10). Somit gibt der PageRank der Google Toolbar nicht den regulären PageRank wieder.

Um den PageRank in den Abstufungen der Toolbar darzustellen, muss dieser skaliert werden. Google veröffentlicht die genaue Skalierung nicht. Wahrscheinlich ist eine logarithmische Skalierung mit der Basis 6 oder 7. In Tabelle 2 ist zur logarithmischen Basis 6 und dem Dämpfungsfaktor d=0,85 eine mögliche Skalierung dargestellt.

---

[10] Koch (2007) S. 52f.
[11] Eigene Darstellung
[12] toolbar.google.de
[13] Vgl. Pakalski (2000)

9

Toolbar PR	Von PR	Bis PR
0/10	0,15	0,9
1/10	0,9	5,4
2/10	5,4	32,4
3/10	32,4	194,4
4/10	194,4	1.166,4
5/10	1.166,4	6.998,4
6/10	6.998,4	41.990,4
7/10	41.990,4	251.942,4
8/10	251.942,4	1.511.654,4
9/10	1.511.654,4	9.069.926,4
10/10	9.069.926,4	$0,85 \times N + 0,15$

Tabelle 2 PR-Darstellung in der Google Toolbar (logarithmische Basis 6 und d=0,85)[14]

Der maximale PageRank einer Seite lautet max(PR) = dN + (1-d) mit

- N als Anzahl aller Webseiten und
- d dem Dämpfungsfaktor.

Wenn man die Darstellung des PageRanks des Google Verzeichnisses[15] mit dem der Toolbar vergleicht (siehe Abbildung 3), sind Abschätzungen zum PageRank möglich, da das Google Verzeichnis den PageRank nur von 0 bis 7 abbildet.

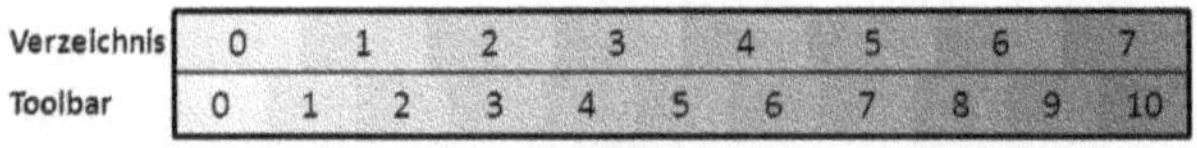

Verzeichnis	0	1	2	3	4	5	6	7		
Toolbar	0	1	2	3	4	5	6	7	8	9	10

Abbildung 3 Vergleich Google Toolbar (rot) mit Google Verzeichnis (blau)[16]

---

[14] Sobek (2002/2003b)
[15] directory.google.de
[16] In Anlehnung an: Raimondi (2002)

1.7. BadRank

BadRank ist eine Methode die parallel zum PageRank den negativen Einfluss einer Webseite misst. Es wird angenommen das Google diese oder ein ähnliche Methode benutzt, um den negativen Einfluss zu bewerten.

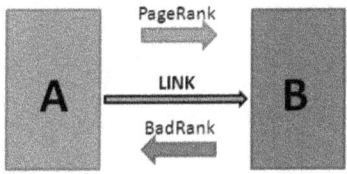

Abbildung 4 Konzept BadRank:[17]

Das Verlinken zu schlechten Nachbarwebsites (engl. bad neighborhood) ist die Grundlage des BadRank. Dieser ist ähnlich dem PageRank aufgebaut, nur gibt hier nicht die verlinkende Seite (Seite A) PageRank an die empfangende Seite (Seite B) ab, sondern das Konzept funktioniert in entgegengesetzter Richtung (siehe Abbildung 4).

So lässt sich der BadRank ähnlich des PageRanks in einer Formel wiedergeben:

$$BR(A) = E(A)(1-d) + d\sum_{i=1}^{n} \frac{BR(T_i)}{C(T_i)}$$

Hierbei ist:

- BR(A) der BadRank der Seite A,
- E(A) ein numerischer Faktor[18] ,
- BR(T_i) der BadRank der Seiten T_i, auf welche Seite A verlinkt,
- C(T_i) die Summe aller eingehender Links der Seite T_i und
- d ein Dämpfungsfaktor (damping factor, mit $0 \leq d \leq 1$).

---

[17] In Anlehnung an: Sobek (2002/2003a)
[18] Der während des crawlens der Webseite, entsprechend des Spams der Seite, zugewiesen wird.

11

Durch die Umkehr des PageRank Algorithmus ergibt sich, dass der BadRank immer nur erhöht werden kann, für jeden ausgehenden Link der Seite. So kann ein Link auf eine schlechte Seite schon große Folgen haben, da er nicht durch Links auf gute Seiten ausgeglichen werden kann. Dieses Problem wird relativiert, da sich der BadRank einer Seite, ähnlich dem PageRank, auf alle eingehenden Links gleichmäßig verteilt.

1.8. TrustRank

Der TrustRank ist der Wert den eine Suchmaschine vertrauenswürdigen Seiten gibt. Dieser Glaubwürdigkeitslevel berechnet sich aus dem Alter der Website und der Qualität der Backlinks, wobei gilt, je größer der Wert ist, desto besser ist er. Dieser Wert kann durch einen manuellen Faktor noch erhöht werden. Hier gilt ähnlich zum BadRank, dass der TrustRank vermutet wird, aber bisher noch nicht bestätigt wurde. Seiten mit einem hohen TrustRank kommen oft sehr hoch in die generische SERP. Ein Beispiel für eine Seite mit hohem TrustRank wäre Wikipedia. [19]

2. Aufbau des Suchmaschinen-Algorithmus

Jede Suchmaschine nutzt ihren eigenen Algorithmus für das Ranking, dieser wird geheim gehalten und regelmäßig geändert. Es lassen sich aber die Faktoren, welche einen Einfluss auf den Algorithmus haben, nennen. Diese Faktoren lassen sich in *On the Page* und *Off the Page* Faktoren unterteilen.

Die *On the Page Faktoren* stammen aus dem klassischen Information Retrieval und sind anfrageabhängig. Zu diesen zählen:

- Keyword-Dichte
- Reihenfolge der Suchbegriffe in der Anfrage
- Wortnähe (engl. Keyword Proximity)
- Auszeichnung der Keywords durch HTML-Tags
- Inverse Dokumenthäufigkeit (engl. Inverted Document Frequency)[20]
- Sprache des Dokumentes ist die Sprache des Länderinterfaces
- Geo-Targeting[21]
- Ankertext welcher auf das Dokument verweist

---

[19] Winkler et al. (2007) Seite 21f.
[20] IDF ist die relative Häufigkeit eines Wortes zu allen Worten des gesamt Index
[21] Seiten die sich räumlich in der Nähe des Benutzers befinden werden bevorzugt.

Die Anfrageunabhängigen oder *Off the Page* Faktoren wurden mit der Zeit immer wichtiger und sind heute das bedeutendste Kriterium bei den meisten Suchmaschinen.

- Linkpopularität
- Aktualität
- Dokumentlänge und –format
- Anzahl der Dokumente einer Website
- Klick Popularität
- Verzeichnisstruktur[22]

3. On the Page - Optimization

Als *On the Page - Optimization* werden alle Optimierungen an dem eigentlichen Dokument bezeichnet. Hierbei spielen Keywords eine wichtige Rolle. Denn das Ziel ist es, das Dokument für die relevanten Keywords zu optimieren. Die interne Verlinkung der Website sollte die Besucher und Suchmaschinen Crawler effizient an die wichtigsten Stellen leiten.

3.1. Keyword- Optimierung

Für die Optimierung der Keywords sind vier Kriterien wichtig:

- die richtigen Keywords,
- die relative Häufigkeit der Keywords,
- die Keyword Proximity und
- die Auszeichnung der Keywords mit HTML-Tags.

In diesem Abschnitt werden nur die ersten drei Kriterien betrachtet, das Letzte wird im nächsten Kapitel betrachtet. Einer der wichtigsten Punkte zur Optimierung einer Website ist die Auswahl der richtigen Keywords. Zuerst müssen die Zielgruppe und Zielsetzung der Website definiert und dann für diese die richtigen Keywords gefunden werden. Zur Ermittlung des richtigen Keywords sollten folgende Gütekriterien beachten:

- Inhalts-Adäquatheit

    Der Inhalt der Webseite sollte sich im Keyword wieder finden lassen, denn sonst verlassen Besucher die Seite schnell wieder.

---

[22] Vgl. Lewandowski (2005) Seite 90ff.

- Nutzungspotenzial

  Jede Zielgruppe hat ihren eigenen Wortschatz und das Keyword sollte aus diesem stammen.

- quantitative und qualitative Mitbewerberstärke

  Der Aufwand der Optimierung wird umso schwerer je mehr Mitbewerber das gleiche Keyword nutzen und umso besser deren Webseiten auf das Keyword optimiert sind.[23]

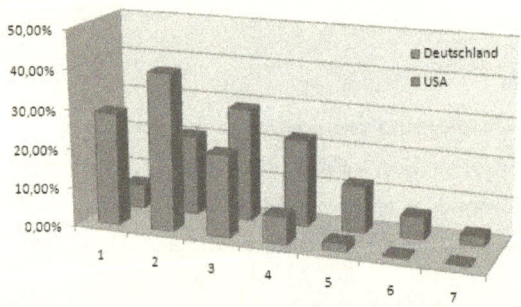

Abbildung 5 Vergleich Anzahl der Keywords USA mit Deutschland 2006[24]

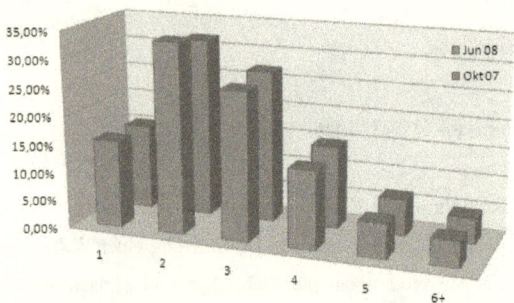

Abbildung 6 Vergleich Anzahl der Keywords international von Okt 07 mit Jun 08[25]

Bei mehrsprachigen Inhalten oder bei Inhalten, die in verschieden Sprachen dargestellt werden können, sollten die sprachspezifischen Unterschiede berücksichtigt werden. So ist die Anzahl der Keywords in einer Suchanfrage je nach Land und Sprache unterschiedlich. In Abbildung 5 ist der Unterschied zwischen den USA und Deutschland aus dem Jahr 2006

[23] Vgl. Erlhofer (2008) Seite 179ff.
[24] In Anlehnung an: onestat.com (2006)
[25] In Anlehnung an:. onestat.com (2008a)

abgebildet. In Deutschland nutzen ca. 69% der Besucher ein oder zwei Keywords in einer Suchanfrage, hingegen sind es in den USA nur ca. 26%. Dagegen dominieren in den USA die Drei- bis Vier-Keyword Suchanfragen. International erkennt man, dass sich der Trend zu Zwei-Keyword Suchanfragen verschiebt. Wie in Abbildung 6 zusehen ist, nutzen heute ca. 60% der Nutzer Zwei- und Drei-Keyword Suchanfragen.

Ein weiteres wichtiges Kriterium für die Qualität einer Webseite ist die Keyword-Dichte oder die relative Häufigkeit der Keywords. Die Keyword-Dichte (ρK in %) sagt aus, wie oft ein Keyword (K) auf einer Webseite vorhanden ist. Hierbei wird das Verhältnis des Keywords zu der gesamt Zahl der Wörter (N) betrachtet ($\frac{K}{N}*100 = \rho K$). Es gibt verschiedene Aussagen dazu welche Keyword-Dichte optimal ist, da eine zu große Dichte als Spam gewertet wird. Eine Keyword-Dichte zwischen 3% und 8% wird von vielen als gut erachtet.[26]

Bei dem Kriterium der Keyword-Proximity wird die räumliche Nähe der Keywords zueinander bewertet. Hierbei werden nahe beieinander liegende Wörter vom Information Retrieval System für den Inhalt als relevanter angesehen.[27]

3.2. HTML Optimierung

Eine Webseite ist in den Kopf- und Körper-Bereich eingeteilt. Im Kopf-Bereich sind die beschreibenden Informationen einer Webseite, diese werden durch den HTML[28] Tag <head></head> begrenzt. In diesem Bereich findet man die Meta-Tags. Der Meta-Tag hat zwei wichtige Attribute. Das eine ist *name* und das andere *content*. Für Suchmaschinen-Crawler ist nur das *name*-Attribut mit dem dazu gehörigen *content*-Attribut interessant. Die wichtigsten *name*-Attribute sind *keywords, author, description* und *date*. Früher wurden *keyword* Meta-Tags von den Suchmaschinen für die Keywords einer Seite herangezogen. Da dies jedoch häufig missbraucht wurde, nutzen die großen Suchmaschinen diese Methode heute nicht mehr für das Ranking. Der Inhalt des *content*-Attributs und des *description* Meta-Tags wird von Suchmaschinen als beschreibender Text auf der SERP ausgegeben. Die im *titel*-Tag stehenden Informationen werden in der SERP als Link zu der Seite dargestellt. So ist der Titel-Tag und der *description* Meta-Tag die Entscheidungsgrundlage der Besucher auf der SERP, ob sie die Seite besuchen oder nicht. Hinzu kommt, dass der Inhalt des *titel*-Tags von Suchmaschinen bei der Relevanz von Keywords stark berücksichtigt wird.

---

[26] Vgl. Opuchlick (2006) Seite178
[27] Vgl. Lewandowski (2005) Seite 90ff.
[28] Weiter gehende Information zu einzeln HTML-Tags findet man unter de.selfhtml.org

Im *body*-Tag sollten alle Möglichkeiten von HTML zur Strukturierung und Auszeichnung genutzt werden. Denn Keywords welche in den Überschriften-Tags (h1 bis h6) oder in den Tags der differenzierten Textauszeichnung stehen, werden bei der Relevanzbewertung stärker gewichtet. Zur differenzierten Textauszeichnung gehören die Tags mit denen man Textpassagen oder Wörter kursiv (<i>), fett (<b>), unterstrichen (<u>) oder betont (<em> <strong>) darstellt.[29] Um Inhalte von Bildern erfassen zu können, benötigen Crawler alternative Texte, die erfasst und verwertet werden können. Hierbei hilft das *alt*-Attribut für alternativen Text des *img*-Tags, denn dieses wird ausgewertet.

Das Dokument sollte aus syntaktisch richtigem HTML bestehen[30], da das Information Retrieval System der Suchmaschine sonst Probleme haben könnte, das Dokument richtig auszuwerten.

3.3. Inhalt-Optimierung

Beim Inhalt ist darauf zu achten, dass er für den Besucher ansprechend und verständlich ist, denn sonst verlässt dieser die Webseite sehr schnell und die ganze Optimierung war vergeblich. Die eigentliche Anforderung besteht darin, eine Seite mit hochwertigem Inhalt zu erschaffen und diesen für eine Suchmaschine zu optimieren. Eine Seite mit qualitativ gutem Inhalt wird eher von anderen Betreibern von Internetpräsenzen verlinkt als eine mit weniger gutem Inhalt. Dies bewirkt, dass die Website eine hohe Linkpopularität bekommt. Ein guter Inhalt sollte mit den bisher vorgestellten Methoden der Keyword- und HTML Optimierung für Suchmaschinen aufbereitet werden.

Viele Internetseitenbetreiber haben deswegen gute Inhalte von fremden Seiten kopiert. Dies führte dazu, dass viele Suchmaschinen eine Abwertung der Ranking-Position für doppelten Inhalt (engl. *duplicate content)* einführten.

3.4. Interne Verlinkung

Eine gute Verlinkung der einzelnen Seiten einer Webseite untereinander hilft den Besucherstrom zu lenken. Hierbei ist aber zu beachten, dass wegen seiner Konzeption der PageRank nicht an unwichtige Seiten wie z.B. Impressum weitergegeben werden sollte. Hier wird die Methode des PageRank-Sculptings genutzt. Dabei werden ganze Links oder Webseiten für den Crawler als nicht weiter zu verfolgen gekennzeichnet. Dies macht man, indem man dem *rel*-Attribut des *anchor*-Tags den Wert nofollow zuweist[31]. Diese Methode

---

[29] Vgl. Lewandowski (2005)Seite 91
[30] Am besten mit dem HTML-Validator des W3C auf syntaktische Richtigkeit prüfen validator.w3.org
[31] Bei einer ganzen Webseite wird das mit <meta name="robots" content="nofollow" /> realisiert.

wird auch von PageRank Siloing genutzt, hier geht es aber darum, eine Website in mehrere Inhaltskategorien (Silos) einzuteilen. Hier ist aber dann der Zweck, die einzelnen Silos von einander abzutrennen, da diese für verschiedene Keywords optimiert sind.[32] An statt mit *nofollow* Dokumente auszuschließen, ist dies auch mit dem Robots Exclusion Protocol und einer robots.txt genannten Datei möglich.

4. Off the Page - Optimization

Im Unterschied zu *On the Page-* will die *Off the Page-Optimization* die Suchmaschine von der Qualität der Website überzeugen. Deshalb wird das Dokument an sich nicht betrachtet, sondern nur das Umfeld in dem es sich befindet. Einige Einflussfaktoren lassen sich nicht optimieren. So hat eine ältere Domain bei Google einen Vorteil gegenüber einer jüngeren. Dies erfolgt, da ältere Seiten in der Vergangenheit weniger häufig sanktioniert wurden als neue. So werden alle neuen Domains überwacht, ob sich z.B. die Linkpopularität statistisch normal entwickelt oder nicht[33]. Zu den Faktoren die man optimieren kann gehört die Struktur der URL, die Aktualität des Dokumentes und die Link- und Klick Popularität.

4.1. Struktur und Bezeichnung der URL

Ob die Nutzung von Keywords bei den Domain-, Verzeichnis- oder Dokumentnamen deren Relevanz erhöht ist umstritten. So sagt Thurow[34], dass Keywords in diesen Namen keine bzw. eine sehr geringe Relevanz haben. Hingegen ist von Bedeutung, wo sich das Dokument in der Verzeichnisstruktur befindet. Denn aus der Entfernung zum Root-Verzeichnis wird auf die Wichtigkeit des Dokumentes geschlossen.[35] Ob die URL-Struktur dynamisch oder statisch ist, hat keine Auswirkung auf die Indizierung. Hierbei ist aber zu beachten, dass die Session-ID nicht in der URL vorkommt. Für den Nutzer einer SERP ist aber eine aussagekräftige URL besser zu verstehen als eine kryptische.

4.2. Aktualität

Suchmaschinen bewerten aktuelle Inhalte höher als alte. Hierbei wird besonders die Änderungsfrequenz des Dokumentes bewertet. Denn eine hohe Änderungsfrequenz wird als Indiz für Aktualität und Hochwertigkeit angesehen. Ein positiver Seiteneffekt ist, dass der Crawler regelmäßig die Seite besucht und den Index aktualisiert. Es scheint, dass Google Dokumente des Typs HTML dem Typ PDF vorzieht, da HTML-Dokumente häufiger

---

[32] Vgl. Baumann (2008)
[33] Dieser Effekt wird in der SEO Scene als Sandbox bezeichnet. Google ist selber ein Domainenregistrator und hat die ID 895 (siehe www.iana.org/assignments/registrar-ids/).
[34] Vgl. Thurow (2003) Seite 84
[35] Vgl. Lewandowski (2005) Seite 94

aktualisiert werden[36]. Es ist jedoch schwer nachzuprüfen, ob es sich um eine Bevorzugung wegen des Dokumenttypen oder der tatsächlichen Aktualisierungshäufigkeit handelt.

4.3. Link- und Klickpopularität

Einen großen Einfluss auf das Ranking hat die Linkpopularität, welche in den PageRank-Algorithmus einfließt. Somit ist es wichtig, möglichst viele Links auf die Webseite zu bekommen. Hierbei sollte die Qualität der verlinkenden Websites bedacht werden, denn Links von Seiten mit hohem PageRank haben einen stärkeren Einfluss. Textlinks haben gegenüber Bildlinks den Vorteil, dass der verlinkte Text von Crawlern ebenfalls ausgewertet wird.

Seit *Direct Hit* die Klick Popularität (engl. Click-through popularity) als Ranking Kriterium eingeführt hat, nutzen immer mehr Suchmaschinen diese Möglichkeit. Hierbei wird bewertet, wie oft der Sucheintrag auf der SERP angeklickt wird und wie lange sich der Besucher auf der Seite aufhält[37]. Heute wird die Klick Popularität über Toolbars wie die Google Toolbar gemessen. Dies wurde geändert da es viele Manipulationsversuche gab. Über Logfile-Analysen oder Tools wie Google-Analytics kann man das Besucherverhalten auswerten und mit diesen Daten das Dokument optimieren.

5. Negative Einflussfaktoren

Es gibt mittlerweile eine Vielzahl von negativen Einflussfaktoren, die von Suchmaschinenbetreibern sanktioniert werden. Durch sich verbessernde Algorithmen versuchen diese, Webseiten mit hochwertigem Inhalt von solchen zu unterscheiden, die nur das Ziel haben, das Ranking der Suchmaschine zu beeinflussen. Viele der im folgenden vorgestellten Methoden waren in der Vergangenheit erfolgreich, bis der Ranking-Algorithmus umgestellt wurde. Eine Änderung des Algorithmus muss nicht sofort sichtbar sein, sonder kann auch erst mit einer Verzögerung in das Ranking mit einfließen. So werden Änderungen des Algorithmus bei Google erst mit einer Verzögerung von ca. 2-3 Monaten angezeigt[38].

Als Websitebetreiber mit Foren, Blogs oder Gästebüchern sollte man darauf achten das Besucher keine negativen Einflussfaktoren durch die Hintertür[39] auf die Seite bringen, um Sanktionen durch Suchmaschinenbetreiber zu vermeiden.

---

[36] Vgl. Lewandowski (2005) Seite 90
[37] Vgl. Thurow (2003) Seite 117
[38] Hierbei spricht man dann von Kommentarspam.
[39] Dies kann als Text-Spam, Links zu Spam Seiten, etc. in den Beiträge oder Kommentare, welche von Besuchern gemacht werden, implementiert werden.

5.1. Spam

Es gibt verschiedene Arten im SEO-Bereich, die meisten betreffen die zu optimierende Webseite. Hierbei geht es zumeist darum, durch unsinnige, häufig versteckte Inhalte hoch in das Ranking der SERP zu kommen. Dies ist von den Betreibern der Suchmaschinen und deren Nutzern unerwünscht, da so gute (zum Such-Keyword passende) Inhalte von den oberen Ranking-Plätzen verdrängt werden. Viele Suchmaschinen bieten Webseiten an, über die man URL's zu Spamseiten melden kann[40]. Es wird geschätzt, dass jede vierte bis fünfte Webseite nur zum Zwecke der Suchmaschinenmanipulation existiert.[41]

5.1.1. Hidden Text und Hidden Links

Unter verstecktem oder verborgenem Text oder Inhalt (engl. hidden text) versteht man, dass auf einer Webseite dieser nicht dargestellt wird. Heute werden oft Inhalt und Layout von Webseiten getrennt beschrieben, hierzu wird HTML um Stylesheets[42] ergänzt. Mit Stylesheets ist es einfach HTML-Auszeichnungen in der Darstellung verschwinden oder Text nicht darstellen zu lassen.

Hierbei werden verschiedene Methoden genutzt:

- Die Schriftgröße ist 0
- Hintergrund-und Schriftfarbe sind gleich
- Versteckte Container oder Text hinter einem Bild

Diese Technik wird verwendet, um Keywords oder unsinnige Worte auf der Seite zu verstecken und so die Keyword-Dichte zu optimieren oder die gewünschten Keywords zu platzieren.

Als versteckte Links (engl. hidden links) versteht man Links, die für die Nutzer der Seite nicht erreichbar sind, aber von den Suchmaschinen-Crawlern verfolgt werden sollen. Mit folgenden Techniken werden Links versteckt:

---

[40] Die deutsche Spamreport Seite von Googel ist www.google.de/webmasters/spamreport.html
[41] Vgl. Lewandowski (2005) Seite 56
[42] Das wichtigste Stylesheet ist Cascading Style Sheets (CSS) und weitere Stylesheets sind z.B. Document Style Semantics and Specifications Language (DSSSL) oder JavaScript Style Sheets (JSSL).

- Die gleichen Methoden für Hidden Text werden genutzt
- Der Link versteckt sich in einem unauffälligen Zeichen[43] mitten im Inhalt[44]

Eine besondere Form des Hidden Text wird als Keyword-Stuffing bezeichnet. Hierbei wird der Inhalt einer Seite mit dem Keyword vollgestopft. Dies wurde früher im *keyword* Meta-Tag gemacht und als dies nicht mehr möglich war, wurde der Inhaltsbereich mit Keywords aufgefüllt und versteckt. Im Dezember 2005 änderte Google seinen Ranking-Algorithmus und Seiten die diese Technik nutzten wurden abgestraft und waren nur noch in den unteren Rängen zu finden.[45]

5.1.2. Kommentarspam

Wenn Gäste eines Forums, Blogs oder Gästebuchs dieses mit Inhalten, die nicht das Thema betreffen, füllen und dann zu einer anderen Seite verlinken spricht man von Kommentarspam. Dies soll die Linkpopularität der verlinkten Webseite erhöhen.[46] Hier muß bedacht werden, dass ein Link auf eine Spamseite den BadRank der eigenen Seite erhöht.

5.1.3. Doorway-Pages

Brückenseiten (engl. Doorway-Pages) oder Jump-Seiten haben die Aufgabe Besucher zu der eigentlichen Website weiterzuleiten. Dabei sind diese Seiten für Suchmaschinen-Crawler erstellt und für diese optimiert. Hierbei soll der Suchmaschine vorgespielt werden, dass die Seite von hoher Relevanz für das Keyword ist.

Die Keywords werden in Meta-Tags, alt-Attribut, dem Titel und dem Inhalt positioniert und mit Methoden der HTML-Optimierung verbessert. Meistens sollen die Besucher die Doorway-Pages nicht sehen, wenn Sie über die Suchmaschine dorthin gelangt sind. Dies wird mit einer Weiterleitung auf der Seite realisiert, da bei einer serverseitigen Weiterleitung nur die neue URL von der Suchmaschine erfasst wird. Meist wird die Weiterleitung mit Javascript[47] gemacht, da die einfachen Weiterleitungen[48] von heutigen Suchmaschinen oft schon als Doorway-Page identifiziert werden. Bei Weiterleitungen ist außerdem zu beachten,

---

[43] z.B. – Zeichen
[44] Vgl. Google (2008a)
[45] Vgl. Greifeneder (2006) Seite 96
[46] Vgl. Nielsen et al. (2008)S. 159
[47] window.location.replace(„*URL der realen Seite*")
[48] <meta http-equiv="refresh" content="0; URL=*URL der realen Seite*">

dass bei einer Verzögerung von weniger als 10 Sekunden die Seite ebenfalls als Doorway-Page erkannt und sanktioniert wird. Die bekannteste Sanktionierung in Deutschland war das Herausnehmen der BMW Homepage aus dem Google Index.[49]

Inhalte von mercedes-benz.automobile.de:

Mercedes-Benz gebrauchtwagen, Mercedes-Benz angebot, Mercedes-Benz gebraucht händler, Mercedes-Benz gebrauchtwagen kaufen, Mercedes-Benz günstig neuwertig, Mercedes-Benz kaufen, Mercedes-Benz kaufen ve Mercedes-Benz, verkauf neuwertig, suche Mercedes-Benz, verkaufe Mercedes-Benz, Mercedes-Benz automob pkw, Mercedes-Benz lkw, Mercedes-Benz wohnmobil, Mercedes-Benz wohnwagen, Mercedes-Benz cabrio, Mer kompakt, Mercedes-Benz limousine, Mercedes-Benz sportwagen, Mercedes-Benz stufenheck, Mercedes-Benz Mercedes-Benz gebrauchtwagen, Mercedes-Benz neuwagen, Mercedes-Benz jahreswagen.

Abbildung 7 Beispiel Inhalt einer Doorway-Page[50]

5.1.4. Cloaking

Mit der Methode des Cloaking werden Besucher und Crawler auf zwei unterschiedliche Webseiten geleitet. Hierbei kommen unterschiedliche Technologien zum Einsatz. Bei IP-Delivering wird je nach IP der Anfrage eine andere Seite zurückgegeben. Dies ist möglich, da sich die IP-Adressen der Crawler selten ändern. Hingegen wird bei Domain Cloaking unterschieden, wer die Anfrage an den Server stellt. Dies wird aus dem http-Attribut User Agent[51] gelesen. In diesem hat jeder Browser und jede Suchmaschine ihre eigene Kennung. So lassen sich auch für verschiedene Suchmaschinen jeweils eigene Seiten anbieten.[52]

5.2. Duplicate Content

Unter *duplicate content* wird Inhalt verstanden, der sich in großen Teilen auf einer anderen Webseite oder auch der gleichen Seite wiederfindet. Auch wenn gleicher Inhalt über verschiedene Domains aufgerufen wird, spricht man von *duplicate content*. Einige CMS bieten Inhalte in verschiedenen Variationen von URL's derselben Domain an, dies wird nicht als doppelter Inhalt aufgefasst. Suchmaschinen fassen dann diese zu einer Gruppe zusammen und bieten die jeweils am besten zur Anfrage passende URL an.[53]

5.3. Session-IDs und Login

Wenn man Session-IDs in einer dynamischen URL nutzt, ist dies ein Problem für Crawler. Denn der Crawler sieht jedesmal, wenn er die Webseite besucht, eine andere URL, da sich die Session-ID geändert hat. Dies führt dazu, dass der gleiche Inhalt mehrfach aufgeführt und

---

[49] Vgl. Kuri (2006)
[50] In Anlehnung an: Cutts (2006)
[51] Eine Liste der User Agents findet man bei www.user-agents.org
[52] Vgl. Ohye (2008)
[53] Vgl. Moskwa (2008)

somit als duplicate content gewertet wird. Dies kann durch eine Session-ID Verwaltung mit Cookies umgangen werden.[54]

Ebenfalls sollte bedacht werden, dass ein Crawler sich nicht auf eine Webseite einloggen kann. Google versucht mit dem *First Click Free* Konzept diese Seiten in den Google Index aufzunehmen und die erste Seite welche von Google aus aufgerufen wird, ohne Login anzubieten.[55]

5.4. Frames

Frames sind immer noch eine Hürde für viele Suchmaschinen, da hier nicht der Maxime eine URL - eine Seite Folge geleistet wird. Das Problem von Frameseiten ist, dass sich auf der Einstiegsseite meist nur das Frameset befindet, ohne weitere Inhalte. Hier kann eine Zusammenfassung im noframe-Tag Abhilfe schaffen. Aber die anderen Seiten bestehen meist nur aus Inhalten ohne Links oder nur aus Links, diesen Aufbau werten Suchmaschinen ab. Man kann auch Seiten mit Frames für Suchmaschinen optimieren, aber der Aufwand ist erheblich größer und schwieriger. Google empfiehlt deshalb, auf die Verwendung von Frames zu verzichten.

6. Grenzen der Optimierung

Um eine Seite bestmöglich zu optimieren, muss man sich in den Grauzonen der negativen Einflussfaktoren aufhalten, dies bedeutet aber ein Risiko, da sich die Algorithmen regelmäßig ändern. Somit ist eine Grenze der Optimierung die Risikobereitschaft sich in der Grauzone oder an deren Rand zu bewegen.

Eine andere Grenze ist die Erreichbarkeit des Webservers. Sollte eine Webseite nicht erreichbar sein, wenn der Crawler diese zur Indexierung erfasst, wird der Index der Seite nicht aktualisiert. Wenn dies mehrmals hintereinander vorkommt, wird die Website aus dem Index entfernt, weil Suchmaschinen nach n-Versuchen die Seite als nicht existent einstufen.

7. Tools für SEO

Es gibt viele Tools die bei der Optimierung einer Website helfen und kostenlos genutzt werden können. Es folgt eine kurze Übersicht über einige hilfreiche Tools, die die Arbeit erleichtern. Einige der Tools bieten Funktionen an, die auch im Suchmaschinen Marketing hilfreich sind.

---

[54] Vgl. Dari et al. (2007)Seite 107
[55] Vgl. Mueller (2008)

22

7.1. Google Keyword-Tool

Das kostenlose Keyword-Tool von Google bietet zwei Optionen zur Nutzung der Google Datenbank.

- Keyword Analyse zu einem eingeben Keyword (ein oder mehrere Wörter)
- Extraktion von Keywords einer Website und deren Analyse[56]

Es wird nicht nur das eingegebene Keyword untersucht, sondern auch Vorschläge zu verwandten oder erweiterten Keywords angeboten. Bei der Keyword-Extraktion werden die Worte gefunden, die Google als Keywords für die Website wahrnimmt. Es ist möglich, einzelne Spalten der Ergebnistabelle einfach ein- oder auszuschalten.

Zu den folgenden Bereichen werden Informationen geliefert:

- Keywords
- Mitbewerberdichte (Ansicht als Balken)
- Durchschnittliches Suchvolumen im Vormonat
- Geschätztes durchschnittliches Suchvolumen
- Trends zum Suchvolumen (1 Jahr im Rückblick) (Balkendiagramm)
- Monat mit größtem Suchvolumen
- Schätzungen zum durchschn. CPC (engl. Cost per Click, CPC) von Google AdWords
- Geschätzte Anzeigefläche (Position)

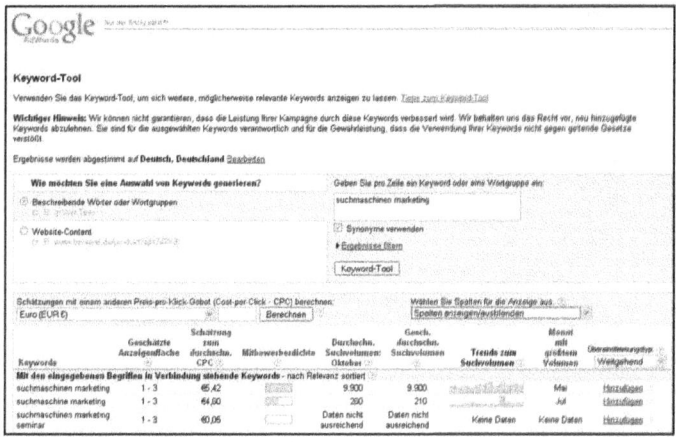

Abbildung 8 Google Keyword-Tool[57]

---

[56] Nicht möglich für alle Sprachen.
[57] Google (2008i)

Es gibt die Möglichkeit, durch eine Änderung des Preis pro Klick Gebots die geschätzte Position und durchschnittlichen CPC von Google berechnen zu lassen. Ohne Angabe wird das höchst Gebot berechnet.

7.2. Google Webmaster-Tools

Das Google Webmaster-Tool bietet einen guten Einstieg, um mit der Analyse einer Website zu beginnen. Es bietet verschiedene Statistiken und Diagnosemöglichkeiten. Alle Diagnoseoptionen beziehen sich nur auf Google. Die wichtigsten Analyseoptionen sind die Web-Crawl Analyse und die Optionen die unter dem Menüpunkt *Links* zusammengefasst sind. Die Web-Crawl Analyse beschäftigt sich mit den Problemen, die der Google Crawler bei dem Besuch der Website bei seinen letzten Durchläufen hatte. Hingegen lassen sich unter dem Menüpunkt *Links* interne Links darauf untersuchen, ob sie von Google als Sitelinks[58] aufgenommen wurden. Hier bietet Google auch die Option an, die Backlinks der Website zu untersuchen. Unter dem Menüpunkt Statistik bekommt man Informationen zur Crawling-Statistik, den häufigsten Suchanfragen und wie der Googlebot die Website sieht. Letztere hilft einem bei der Keyword Optimierung, da dies die Liste der Keywords ist, wie Google sie erfasst hat. Unter dem Menüpunkt *Tools* befindet sich eine Sammlung kleiner Tools, mit diesen lassen sich z.B die robots.txt analysieren und generieren. Um die Google Webmastertools nutzen zu können muss man einen Google Account besitzen und eine Website im Tool hinzufügen.[59]

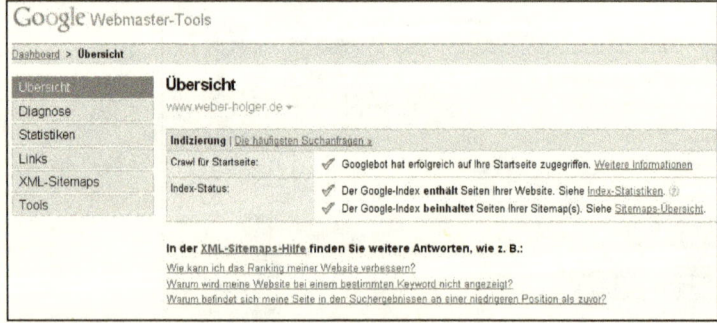

Abbildung 9 Einstiegsseite des Google Webmastertools[60]

---

[58] Bei großen Websites bietet Google verschiedene direkte Links bei dem Ergebnis in der SERp an.
[59] Vgl. Google (2007)
[60] Google (2008o)

7.3. LinkVendor SEO Tools

Die umfangreiche Tool Sammlung von LinkVendor ist kostenlos und einfach zu bedienen. Es wird auch eine umfangreiche Seitenanalyse (Searchmetrics Report) angeboten, welche die wichtigsten Kennzahlen ermittelt und übersichtlich darstellt.

Die Tools sind in die folgen Kategorien eingeteilt:

- Seitenanalyse
- Keyword Tools
- Server und Domains
- Link Tools
- Extras

Um komplexe ressourcenintensive Funktionen nutzen zu können, muss man sich registrieren. Auf LinkVendor sind die Freeware Analysetools von searchmetrics, welche die kostenpflichtige searchmetrics suit mit umfangreichern Funktionen vertreibt.[61]

Abbildung 10 SEO Tools von LinkVendor[62]

---

[61] Vgl. searchmetrics (2008)
[62] ebenda

7.4. Copyscape

Copyscape ist ein Tool mit dem man *duplicate content* der eigenen Website finden kann. In der Basisausführung ist es kostenlos, man kann jedoch nur fünf Anfragen pro Monat stellen. Es werden zwei kostenpflichtige Erweiterungen angeboten:

- Copyscape Premium und
- Copysentry.

Der Premium Service kostet 0,05 USD pro Suche und bietet weitere Optionen, wie z.B. das Ausblenden von Ergebnissen und Plagiatsverfolgung. Es werden außerdem mehr Websites auf gleiche Inhalte verglichen. Für kleinere Websites ist das Basispaket aber ausreichend. Dazu, wie stark bzw. ob der gefundene *duplicate content* überhaupt sanktioniert wird, wird keine Aussage getroffen. Hingegen biete Copysentry einen automatisierten Service, welcher einmal die Woche eine Premium Suche durchführt.[63]

Weitere Informationen zu diesem Thema finden Sie in: „Suchmaschinen. Optimierung und Marketing" von HolgerWeber.

ISBN: 978-3-640-23232-1

http://www.grin.com/de/e-book/119771/

---

[63] Vgl. Indigo Stream Technologies (2008)

Literaturverzeichnis (inklusive weiterführender Literatur)

Buch-Quellen

Arasu et al. Searching the Web. Arasu, Arvind, et al. S.l. : ACM, 2001, ACM Transactions on
(2001) Internet Technology, Ausgabe 1, Seite 2-43

Bishopinck Bischopinck, Yvonne and Ceyp, Michael; Suchmaschinen-Marketing 2. Auflage.
et al. (2008) Berlin : Springer, 2008

Dari et al. Darie, Cristian and Sirovich, Jaimie; Professional Search Engine Optimization with
(2007) PHP, Indianapolis, Wiley & Sons, 2007

Diekhof et Diekhof, Rolf, Braunschweig, Stefan and Krenn, Ulrich; Wandel im Werbemix ,
al. (2002) München, Europa-Fachpresse-Verlag GmbH, 2002, W&V, Ausgabe 16, Seite 25-28

Emrich Emrich, Christin; Multi-Channel-Communications- und Marketing-Management,
(2008) Wiesbaden, Gabler, 2008

Erlhofer Erlhofer, Sebastian; Suchmaschinen-Optimierung für Webentwickler 4. Auflage,
(2008) Bonn, Galileo Press, 2008

Fischer Fischer, Mario; Website Boosting, Heidelberg, mitp Verlag, 2006
(2006)

Förster et Förster, Anja and Kreuz, Peter; Offensives Marketing im E- Business, Berlin, Springer,
al. (2002) 2002

Förster et Förster, Anja and Kreuz, Peter; Marketing-Trends 2. Auflage, Wiesbaden, Gabler,
al. (2006) 2006

Fortmann Fortmann, Harald R.; Geschichte der Suchmaschinen und ein vorsichtiger Blick in die
(2006) Zukunft. Interaktive Trend 2006/2007 /Jahrbuch Deutscher Multimedia Award. O.A.,
J&S Dialog-Medien, 2006

Glöggler Glöggler, Michael; Suchmaschinen im Internet. Funktionsweisen, Ranking Methoden,
(2003) Top Positionen, Berlin, Springer-Verlag, 2003

Greifeneder Greifeneder, Horst; Erfolgreiches Suchmaschinenmarketing. Wiesbaden, Gabler
(2006) Verlag, 2006

Hippner et Hippner, Hajo, Merzenich, Melanie and Wilde, Klaus, [hrsg.]; Handbuch Web Mining
al. (2002) im Marketin. Braunschweig / Wiesbaden, Vieweg+Teubner, 2002

Hotchlkiss Hotchkiss, Gord, Alston, Steve and Edwards, Greg.; Eye Tracking Study - An In Depth

et al. (2005)   Look at Interactions with Google using Eye Tracking Methodology, O.A., Enquiro Search Solutions Inc., 2005

Koch (2007)   Koch, Daniel; Suchmaschinenoptimierung: Website-Marketing für Entwickler. München, Addison-Wesley, 2007

Komus et al. (2008)   Komus, Ayelt and Wauch, Franziska; Wikimanagement: Was Unternehmen von Social Software und Web 2.0 lernen können, München, Oldenbourg Wissenschaftsverlag, 2008

Lammentt (2006)   Lammenett, Erwin; Praxiswissen Online-Marketing, Wiesbaden, Gabler, 2006

Lewandowski (2005)   Lewandowski, Dirk; Web Information Retrieval, Frankfurt am Main, DGI Schrift, 2005

Meng et al. (2002)   Meng, Weiyi, Yu, Clement and Liu, King Lup; Building Efficient and Effective Metasearch Engines, o.A., ACM Computing Surveys (CSUR), 2002, Vausgabe. 34-1, Seite 48-89

Münz (2008)   Münz, Stefan; Webseiten professionell erstellen 3.Auflage, München, Addison-Wesley, 2008

Nicolson et al. (2006)   Nicholson, Scott, et al.; How Much of It Is Real? Analysis of Paid Placement in Web Search Engine Results, o.A. , Journal of the American Society for Information Science and Technology, 2006, Ausgabe 57,Seite 448-461

Nielsen et al. (2008)   Nielsen, Jakob and Loranger, Hoa; Web Usability. München, Addison-Wesley, 2008

Opuchlick (2006)   Opuchlik, Adam; E-Commerce-Strategie: Entwicklung und Einführung. O.A., Books on Demand Gmbh, 2006

Piotek (2004)   Piontek, Jochem; Controlling, 3. Auflage. München, Oldenbourg, 2004

Reinecke et al. (2006)   Reinecke, Sven and Tomczak, Torsten, [Hrsg.]; Handbuch Marketingcontrolling 2. Auflage, Wiesbaden, Gabler, 2006

Roddewig (2003)   Roddewig, Sven; Website Marketing, Braunschweig, Vieweg, 2003

Stock (2006)   Stock, Wolfgang G.; Information Retrieval: Informationen suchen und finden, O.A., Oldenbourg, 2006

Thurow (2003)	Thurow, Shari; Search Engine Visibility, Indianapolis, New Riders, 2003
van Gisbergen et al. (2005)	van Gisbergen, Marnix S., van der Most, Jeroen and Aelen, Paul; Visual attention to Online Search Engine, Nijmegen, De Vos & Jansen, 2005
Wannenwet sch et al. (2004)	Wannenwetsch, Helmut H. and Nicolai, Sascha, [Hrsg.]; E-Supply-Chain-Management, 2. Auflage, Wiesbaden, Gabler, 2004
Winkler et al. (2007)	Winkler, Jan and Kehrhahn, Jobst-Hendrik; Suchmaschinenoptimierung, O.A., Franzis, 2007
Wöhe et al. (2005)	Wöhe, Günter and Döring, Ulrich.; Einführung in die Allgemeinen Betriebswirtschaftslehre 22. Auflage, München, Vahlen, 2005

Online-Quellen

AdControl (o.A.)	AdControl (Hrsg.); o.A., AdControl, http://www.adcontrol.de/index.php (30.11.2008)
Baumann (2008)	Baumann, Nina; Onetomarket auf der SES in Hamburg, 02.06.2008, http://linkspiel.de/index.php/onetomarket-auf-der-ses-in-hamburg.html (17.11.2008)
BITKOM (2008a)	BITKOM (Hrsg.); Internetnutzung - Ende 2006 nutzten 60 Prozent der Deutschen das Internet, 2008, http://www.bitkom.org/de/markt_statistik/46259_38541.aspx (19.11.2008
BITKOM (2008b)	BITKOM (Hrsg.);Online-Werbemarkt wächst um 44 Prozent.27.10.2008, http://www.bitkom.org/de/presse/8477_54973.aspx (02.12.2008)
BITKOM (2008c)	BITKOM (Hrsg.); Mehr als 10 Millionen Deutsche planen Geschenke-Kauf im Internet, 23.11.2008, http://www.bitkom.org/de/presse/8477_55610.aspx (03.12.2008)
Brin et al. (1998)	Brin, Sergey and Page, Lawrence; The Anatomy of a Large-Scale Hypertextual Web Search Engine, 1998, http://infolab.stanford.edu/~backrub/google.html (02.12.2008)
BVDW (2008a)	BVDW (Hrsg.); OVK Report, 2008, http://www.bvdw.org/fileadmin/downloads/marktzahlen/basispraesentatione

n/OVK_Report_2008-02.pdf (19.11.2008)

BVDW (2008b)   BVDW (Hrsg.); Befragungsergebnisse SEM/SEO Befragung, o.A., http://www.bvdw.org/uploads/media/bvdw_SEO_SEM_final.pdf (22.11.2008)

clickforensics (2008)   clickforensics (Hrsg.); Click Fraud Index, 2008, http://www.clickforensics.com/resources/click-fraud-index.html (23.11.2008)

ClickTracks (o.A.)   ClickTracks (Hrsg.); Mit ClickTracks durchstarten, o.A., http://www.clicktracks.at/cinema/getting_started.html (30.11.2008)

Cutts (2006)   Cutts, Mat; SEO Mistakes: Spam in other languages, 11.01.2006, http://www.mattcutts.com/blog/seo-mistakes-spam-in-other-languages/ (17.11.2008)

Fairlaine Consulting (o.A.)   Fairlane Consulting GmbH (Hrsg.); Schwächen der Suchmaschinen, o.A., http://www.marketing.ch/wissen/suchmaschinenmarketing/schwaechen.asp (13.11.2008)

Gavin (2008a)   Gavin, Jamie; comScore Releases July 2008 German Search Rankings, 2008, http://www.comscore.com/press/release.asp?press=2484 (13.10.2008)

Gavin (2008b)   Gavin, Jamie.; comScore Releases March 2008 European Search Rankings, 2008, http://www.comscore.com/press/release.asp?press=2208 (13.10.2008)

Google (2007)   Google (Hrsg.); Webmaster-Tools, 2007, https://www.google.com/webmasters/tools/docs/de/about.html (22.11.2008)

Google (2008a)   Google (Hrsg.); Verborgener text und verborgene Links, 2008, http://www.google.com/support/webmasters/bin/answer.py?hlrm=en&answer=66353 (17.11.2008)

Google (2008b)   Google (Hrsg.); Financial Tables, 2008, http://investor.google.com/fin_data.html, (19.11.2008)

Google (2008c)   Google (Hrsg.); Worin unterscheiden sich Starter-Edition und Standard-Edition?, 2008, http://adwords.google.com/support/bin/answer.py?answer=31774&cbid=-il6vmvcm72u0&src=cb&lev=topic (22.11.2008)

Google (2008d)   Google (Hrsg.); Schaltung der Anzeige, 2008, https://adwords.google.com/support/bin/answer.py?answer=6299&ctx=tltp

(22.11.2008)

Google (2008e)   Google   (Hrsg.);   Content   Policy,   2008,
http://adwords.google.com/support/bin/static.py?page=guidelines.cs&topic=
9271&subtopic=9279 (22.11.2008)

Google (2008f)   Google (Hrsg.); How do I use keyword insertion?, 2008,
https://adwords.google.com/support/bin/answer.py?answer=74996&topic=1
2396.
http://adwords.google.com/support/bin/answer.py?hl=en&answer=74996
(22.11.2008)

Google (2008g)   Google   (Hrsg.);   Preferred   Cost   Bidding,   2008,
http://adwords.google.com/support/bin/topic.py?topic=10775 (22.11.2008)

Google (2008h)   Google (Hrsg.); Deciding Whether to Use Conversion Tracking, 2008,
http://adwords.google.com/support/bin/topic.py?topic=61 (22.11.2008)

Google (2008i)   Google   (Hrsg.);   Keyword-Tool,   2008,
https://adwords.google.de/select/KeywordToolExternal (22.11.2008)

Google (2008j)   Google   (Hrsg.);   AdWords   API,   2008,
http://www.google.de/adwords/learningcenter/text/19498.html (22.11.2008)

Google (2008k)   Google   (Hrsg.);   AdSense   Help,   2008,
https://www.google.com/adsense/support/?hl=de?sourceid=asos&subid=ww
-ww-et-left_nav&medium=link (22.11.2008)

Google (2008l)   Google (Hrsg.); Das Wichtigste über die Google-Suche , 2008,
http://www.google.com/support/bin/static.py?page=searchguides.html&ctx=
basics&hlrm=en (23.11.2008)

Google (2008m)   Google (Hrsg.); Google Analytics (Login erforderlich), 2008,
https://www.google.com/analytics/reporting/?reset=1&id=11983786&pdr=2
0081030-20081129 (30.11.2008)

Google (2008n)   Google   (Hrsg.);   Google   Analytics   Funktionen,   2008,
http://www.google.com/analytics/de-DE/features.html (01.12.2008)

Google (2008o)   Google   (Hrsg.);   WebmasterTools   (Login   erforderlich),   2008,
https://www.google.com/webmasters/tools/summary?siteUrl=http%3A%2F
%2Fwww.weber-holger.de%2F&hl=de (02.12.2008)

Google (2008p)   Google (Hrsg.); AdWords Zielregion festlegen (Login erforderlich), 2008,

https://adwords.google.com/select/TargetingWizardWithGeoPicker?start=tru
e&inLocationTargetingReview=false&wizardKey=5d7889648dc579ab
(02.12.2008)

Google (2008q) Google (Hrsg.); AdWords Anzeige erstellen (Login erforderlich), 2008,
https://adwords.google.com/select/FirstAdTypeFinder?wizardKey=5d78896
48dc579ab (02.12.2008)

Google (2008r) Google (Hrsg.); vitalenergetik.net AdWords Übersicht (Login erforderlich),
2008, https://adwords.google.com/select/snapshot (03.12.200)

Google (2008s) Google (Hrsg.); vitalenergetik.net Bioenergetik Anzeigengruppe (Login
erforderlich),   2008,
https://adwords.google.com/select/CampaignManagement?adgroupidx=0&a
dgroupid=1154508276&campaignId=33756006 (03.12.2008)

Google (2008t) Google (Hrsg.); GfU.net AdWords Übersicht (Login erforderlich), 2008,
https://adwords.google.com/select/snapshot (02.10.2008)

Indigo   Stream copyscape. [Online] Indigo Stream Technologies, 2008. [Cited: 11 17,
Technologies (2008) 2008.] www.copyscape.com.

Internet   Archive Internet   Archive   (Hrsg.);   Google   Beta   Webseite,
(o.A.)   http://web.archive.org/web/19990125084553/alpha.google.com/
(11.10.2008)

Jurvetson (o.A.) Jurvetson,   Steve;   o.A.,   o.A.,
http://www.flickr.com/photos/jurvetson/21470089/sizes/o/ (02.12.2008)

Ku et al. (2005) Ku, David and Walther, Eckart; Search, with a little help from your
friends,2005,   http://www.ysearchblog.com/archives/000130.html
(11.10.2008)

Kuri (2006) Kuri, Jürgen; Google sperrt nun auch deutsche Webseiten mit versteckten
Suchwörtern   aus,   05.02.2006,   http://www.heise.de/newsticker/Google-
sperrt-nun-auch-deutsche-Webseiten-mit-versteckten-Suchwoertern-aus--
/meldung/69 (17.11.2008)

Lammentt (2007) Lammenett, Erwin; Effiziente Steuerung: Kennzahlen und Controlling-Tools
im   Online-Marketing,   08.03.2007,
http://www.ecin.de/marketing/kennzahlen-controlling/ (30.11.2008)

Lewandowski (2008) Lewandowski,   Dirk;   Suchmaschinen-News,   2008,
http://www.durchdenken.de/lewandowski/suchmaschinen-news.php

(11.10.2008)

Lipsman (2008a)   Lipsman, Andrew; comScore Releases February 2008 U.S. Search Engine Rankings, 2008, http://www.comscore.com/press/release.asp?press=2119 (13.10.2008)

Lipsman (2008b)   Lipsman, Andrew; comScore Releases August 2008 U.S. Search Engine Rankings, 2008, http://www.comscore.com/press/release.asp?press=2476 (13.10.2008)

Lipsman (2008c)   Lipsman, Andrew; Baidu Ranked Third Largest Worldwide Search Property by comScore in December 2007, 2008, http://www.comscore.com/press/release.asp?press=2018 (14.10.2008)

manager-magazin.de   manager-magazin.de (Hrsg.); Yahoo zahlt Werbegelder zurück, 29.06.2006,
(2006)   http://www.manager-magazin.de/it/artikel/0,2828,424320,00.html (23.11.2008)

MIVA (o.A.)   MIVA (Hrsg.); MIVA, o.A., http://www.miva.com/de/content/advertiser/overview.asp (20.11.2008)

Moskwa (2008)   Moskwa, Susan; Die "Duplicate Content-Penalty" - entmystifiziert!, 12.09.2008, http://googlewebmastercentral-de.blogspot.com/2008/09/die-duplicate-content-penalty.html (20.10.2008)

Mueller (2008)   Mueller, John; First Click Free bei der Websuche, 20.10.2008, http://googlewebmastercentral-de.blogspot.com/2008/10/first-click-free-bei-der-websuche.html (20.10.2008)

Ohye (2008)   Ohye, Maile; Wie Google IP-Delivery, Geolocation und Cloaking definiert, 03.06.2008, http://googlewebmastercentral-de.blogspot.com/2008/06/wie-google-ip-delivery-geolocation-und.html (17.11.2008)

onestat.com (2006)   onestat.com (Hrsg.); Less people use 1 word phrase in search engines according to OneStat.com, 2006, http://onestat.com/html/aboutus_pressbox45-search-phrases.html (16.11.2008)

onestat.com (2008a) onestat.com (Hrsg.); More and more people use 2 word phrases instead of 3 and 1 phrases in search engines according to OneStat.com, 2008, http://onestat.com/html/press-release-more-and-more-people-use-2-word-phrases-in-search-engines.html (16.11.2008)

33

onestat.com (2008b)	onestat.com (Hrsg.); Google is the most popular search engine on the web according to OneStat.com, 2008, http://www.onestat.com/html/aboutus_pressbox3.html (12.10.2008)
Pakalski (2000)	Pakalski, Ingo; Kostenlose Google-Suchleiste für den Internet Explorer, 11.12.2000, http://www.golem.de/0012/11274.html (15.11.2008)
Rabe (2004)	Rabe, Lars; Seminarunterlagen zum „Workshop FH Wiesbaden: Vertriebsorientiertes Online-Marketing", 2004, http://marketing.bwl.fh-wiesbaden.de/cms/upload/bilder/czech-winkelmann/SS_2006/Suchmaschinen_Marketing.pdf (18.11.2008)
Radwanik (2008)	Radwanick, Sarah; comScore Releases Asia-Pacific Search Rankings for July 2008, 2008, http://www.comscore.com/press/release.asp?press=2473 (13.10.2008)
Raimondi (2002)	Raimondi, Chris; Google Page Rank Figurin' Guide, 2002, http://searchnerd.com/pagerank/ (15.11.2008)
Schönfeld (1996)	Schönfeldt, René; "Flipper" fischt im Internet, 1996, http://www2.tu-berlin.de/presse/tui/96jul/flip.htm (08.10.2008)
Schüler (2007)	Schüler, Hans-Peter; Geheime Bombenentschärfung bei Google, 28.01.2007, http://www.heise.de/newsticker/Geheime-Bombenentschaerfung-bei-Google--/meldung/84386 (15.11.2008)
searchmetrics (2008)	searchmetrics (Hrsg.); SEO Tools, 2008, http://de.linkvendor.com/ (22.11.2008)
seo-konkret.de (2005)	seo-konkret.de (Hrsg.); Definition: e-Marketing Abrechnungsmodelle, 2005, http://www.seo-konkret.de/suchmaschinen-glossar/cpm-tkp-cpa-cpx-cpc-cpl-cpo/ (20.11.2008)
Sobek (2002/2003a)	Sobek, Markus.; PR0 - Die PageRank 0 Bestrafung,2002/2003, http://pr.efactory.de/d-pr0.shtml (15.11.2008)
Sobek (2002/2003b)	Sobek, Markus; Die Implementierung des PageRank in die Suchmaschine Google, 2002/2003, http://pr.efactory.de/d-pagerank-implementierung.shtml 15.11.2008)

Yahoo! (2008)   Yahoo!   (Hrsg.);Yahoo!   Search   Marketing,   2008,
http://searchmarketing.yahoo.com/de_DE/yahoo-
suchmaschinenmarketing.php (20.11.2008)